가슴 따뜻한
한 편, 한 편의 시어들과
아름다운 그림 속에
청춘의 밀알 곱게 담았습니다.

소중한 _____ 께
사랑이라는 이름으로
詩시같은 마음 바칩니다.

　　　　　　　　　사랑합니다♥
　　　　　　　　　고맙습니다♥

문화만세 회장의 **사랑의 마중물로 여는 글**

시가 첫눈처럼 마음에 내리면

시가 첫눈처럼 마음에 내리면
당신께 하고픈 말이 꽃이 됩니다.

시가 그림처럼 햇살로 쏟아지면
당신께 보여 주고픈 세상이 봄이 됩니다.

우리 함께 웃음꽃 피우며
자연의 발걸음으로 살아가요!

꾸미지 않은 꽃송이로
몸서리치는 순간에도
키 작은 향기를 나누며 살아가요

우리는 모두 외로운 사람들
우리는 모두 사랑이 그리운 사람들
그래서 우리는 모두 따뜻함을 아는 사람들…
이렇게 문화만세라는 이름으로 시집을 내는 것은
시와 그림 같은 사람들이 정성을 모아 삶에 가치를
바람 한 줄기처럼 베풀며,
자유로운 영혼으로 살아가고픈 마음에서입니다.

특별히 문화만세 가족인
이삭빛시인의 이삭빛 TV 방송에 소개된 시들을 선정하여
김정숙화백의 별 같은 그림을 메인으로
소중한 삶에 빛을 선사하는
골프화가 김영화화백의 표지그림과
그림과 시와 꽃을 사랑한 화예명인,
서을지 한글디자이너의 시제목에 글씨체를 입혔다.
더불어 이번에는 '잠깐, 뿌리 詩 코너'를 특별기획으로 매천 황현의 한시
2,027수를 우리 말로 최초 완역한 김영붕 작가의 4수 번역 시와 함께

"가슴으로 만난 사람은 꽃이다 (Ⅳ)"라는
제목으로 4번째 공동 시집을 발간하게 되었다.

가슴 벅차다. 늘 새로운 마음으로 청춘을 불살라
아름다운 미지를 향해 꿈을 싣는 기분이다.

이 시집은 가슴으로 나누는 시집으로
'이름 모를 꽃향기 하나가 온 세상을 꽃 피운다.'는
전설처럼, 문화만세의 작은 열정이 시와 그림으로

독자 여러분들께 행복한 빛의 파장이 되기를 소망하며,
나의 시 한 편도 어린 왕자처럼 설레는 마음으로
내밀어 본다.

신비의 꽃

노상근

혼자
그리움에 젖어서
불러보는
그대

어린 시절
소풍 가서
풀 속, 바위틈에서
보물찾기처럼 찾은

빨간 노을빛으로
돋아나는 사랑

기획 **현석(노상근)시활동가, 시인**
문화만세 회장, 전)서중학교장
인문학 교육강사(교육학 박사)
안중근장군 전주기념관 관장
얼굴 없는 천사 이삭빛 천사본부 공동대표
이삭빛TV독서대학 학장 겸 진행자
투데이안 객원논설 위원장
한국그린문학 미디어리터러시 작가인권위원회 회장

마음으로 여는 詩

아들을 위한 서시

이삭빛

아들아, 아들아
아들아, 아들아

삶을 꽃처럼 살아라
바람의 친구도 되어주고
봄의 싹으로도 돋아나
흙과도 하나되는
세상에서 가장 존귀하되
가장 자유롭게 살아라

영혼이 맑아서
그 누구도 넘볼 수 없되
오직 사랑으로 뛰어나서
하늘보다 푸르고
태양보다 뜨거운
열정으로 살아라

이는 네 희망이 길을 안내해 줄 것이다
수십 번 넘어져도 넘어지지 않았던
첫 마음으로 일어서라

아들아, 아들아!
세상은 네 마음이 지배할 것이다
발밑에서 돋아나는 간절한 사랑으로 살아가라

'21년 충남 보령시 시와 숲길 공원에 이 시가 선정돼 시비로 설립.
이 공원에는 일제에 항거한 한용운, 윤동주 등 항일 시인을 모신 민족시인 추모 분향단을 설치해 대한민국의 평화정신을 세계에 알리고 있는 시인의 성지이기도 함.

가슴으로 여는 詩포인트

영화 "카르페디엠" 한 편을 보는 듯한 이 시는
감동과 영감을 준다.
아들을 부르고 있지만, 딸을 부르고, 친구를 부르며,
시인 자신인 동시에 남녀노소를 불문하고
우리 모두를 부르고 있다.
보편적인 시라는 느낌을 주어 더 친밀하게 대중 속에 들어와서
절망 속에서도 끝까지 희망으로 일으켜 세운다.
그래서 이 시의 향기가
햇살 한줄기에도 영롱하게 반짝이고 있는 것이 아닐까?
시 속에서 말하는 첫 마음이라는 자체는 곧 우리 모두의 구원인 것이다.
동시에 성장의 원동력이 될 수 있다는
생각으로 희망을 갖게 한다.
그리고
주도적인 자세로 살아가되 함께 나누며,
간절한 사랑으로 꽃처럼 살아가길 원하고 있다.
'수십 번 넘어져도 넘어지지 않았던 첫 마음'이 얼마나 아름다운
삶으로 이끄는지 이 작품은 이미 꽃, 그 이상으로 길을 안내하고 있다.
감동이다. (은국정 경북과학기술원 기업(주) 우정케미컬 사장)

사랑을 위한 서시

마음으로 여는 그림

어둠을 뚫고 나온 자만이 진정한 꽃으로 피어난다.
그리고 보이지 않는 향기마저 온전히 내준다.
비바람에 흔들릴 때도 꽃은 행복으로 돋는다.
날개를 단 나비처럼 꽃은 천지가 사랑이라고 말하며,
긍정으로 인생의 파도를 탄다.

언제나 다시 태어나는 첫 마음으로 꽃들은 희망차다.

김정숙화가의 그림은 꽃에서도 사랑의 언어가 피어나고 있다.
언어는 곧 정신이다.
김정숙화가는 보이지 않은 그 세계를
오직 꽃의 언어로 물들이고 있는 시인 같은 천사 화가이다.
그러니 어찌 그림이 살아있지 않겠는가?
어찌 향기가 '보이지 않는다.' 말할 수 있겠는가? (서길주 전주용덕초등학교 교장)

가슴으로 만난사랑은 꽃이다 IV

문화만세 회장, 사랑의 마중물로 여는 글 2
마음으로 여는 詩시 5

봄
1. 봄의 왈츠 12
2. 오월의 하루를 너와 함께 16
3. 시詩 19
4. 집 24
5. 웃음꽃 27
6. 오목대에서 29
7. 시詩 33
8. 키 작은 미소 35
9. 봄비에게 37
잠깐, 뿌리 詩 코너 39
 - 매천 황연의 촌거모춘(村居暮春)

여름
10. 바다에서 42
11. 나는 네가 그리워 나무가 된단다 45
12. 너와 나 49
13. 담쟁이 51
14. 너와 나를 위한 서시 55
15. 소낙비 60
16. 나무를 사랑하는 사람을 사랑하라 62
잠깐, 뿌리 詩 코너 65
 - 매천 황연의 차상아하과운(次祥兒夏課韻)

가을 17. 가슴으로 만난 사람은 모두 꽃이다 68
18. 상사화 73
19. 아버지 76
20. 사람이 사람에게 줄 수 있는 것은 79
21. 천만 송이 꽃이 되는 사람 83
22. 가을사랑 86
잠깐, 뿌리 詩 코너 90
– 매천 황연의 반곡이씨 유거(磻谷李氏幽居)

겨울 23. 첫눈 92
24. 눈꽃에게 94
25. 눈물(어머니) 97
26. 이슬방울 99
27. 달 101
28. 시詩에게 103
29. 시詩야, 울어라 105
30. 얼굴 없는 천사 108
잠깐, 뿌리 詩 코너 112
– 매천 황연의 순강도중(江途中)

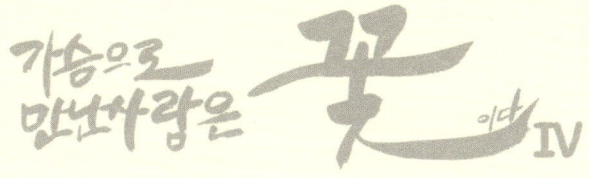

詩畵 마음으로 읽는 글
참여 작가 목차

노상근 4	채수억 44	서거석 78
은국정 6	성장현 47	박부택 81
서길주 7	이정아 48	이해연 81
이미숙 13	기동환 50	허방우 82
송세경 14	이경춘 52	정지원 84
송치규 15	서을지 54	김영임 85
배 철 17	김동익 56	박성광 87
이철원 18	김영식 57	이동환 89
양창수 21	노명희 58	고광석 93
양금선 22	홍인표 59	이오경 95
김민우 23	문원근 61	이현옥 95
김혁용 26	전철수 64	김민영 96
김병석 28	고양숙 69	강동오 98
엄범희 31	유진식 70	이홍재 100
신방윤 32	조성자 70	박시균 101
김수곤 34	임진선 71	이종희 102
박성옥 36	김정숙 72	양경희 107
유영석 38	서정미 74	김정선 110
김영붕 39	송창점 75	
임미순 43	이명희 77	

※ 작가님들의 대한 시·그림 마음나누기 편에서 존칭 생략합니다.

봄의 왈츠

움 돋는 봄의 뿌리는
사랑으로 황홀하다

누가 3월을 가만히 있어도
가슴 뛴다 하였는가?

운명처럼 돋아나는
가슴 그리운 이가 있을 때

봄은 풀꽃 하나에도
심장으로 깨어난다

사랑 없인 봄은 볼 수 없다
봄 없인 그대를 사랑이라 부를 수 없다

가슴으로 여는 詩포인트

봄은 희망이다. 봄은 그리움이며 설레임이다.
천년을 기다려온 사랑을 맞이하러 가는 움 돋는 길목이다.
봄은 눈으로 보는 것이 아니라 가슴으로 보는 것.
사랑 없인 봄을 볼 수 없다.
종소리마저 깨어나는 최초의 울림처럼 사랑하기 위해~
이 봄, 벗은 발로 뛰어나가 사랑 할 수 있다면
생애 가장 아름다운 발걸음으로 살아갈 수 있으리.

"심장이 이끄는 대로, 마음속의 봄을 따라가라!" – 이삭빛 –

"당신의 발밑을 내려다보지 말고, 하늘 위의 별을 쳐다보도록 해요!"
– 물리학자 스티븐 호킹 –

가슴이 봄 싹 돋듯 간지럽게 뛰고 있다.
그러고보니 내 나이가 청춘이다.
이삭빛시인이 봄을 가져와 마술을 부렸나보다.
시의 세계란 아름다운 착각으로 성장한다.
행복해서 웃는 게 아니라 웃어서 행복한 것처럼
내 나이 청춘으로 돌려놨으니
시 속에서 사랑에 빠져 살아도 여한이 없으리라.
이토록 아름다운 시 앞에
사랑으로 죽어도 행복하리라. (이미숙 군산인쇄사 대표)

시인은 모든 생명이 돋아나는 봄과
우리 삶 속에서 피어나는 사랑을 동일시 하고 있다.
특히 봄을 통해 사랑의 떨림을 아름답게 승화시키고 있다.
봄이 돋아나는 것은 사랑의 마음이 피어오르는 것과 같다고 하면서
사랑하는 사람의 심장에 봄이 살아 있는 것처럼 느끼게 하고 있다.
또한 그리운 사람을 사랑스런 봄의 모습으로 표현해
시를 읽을 때마다 마음을 설레게 한다.
필자는 詩시를 통해 '송세경의 음악 여행'을
진정한 봄의 꽃밭으로 연결시키고자 한다.
상생의 노래는 어떤 소리일까? 한 번 마음의 귀를 기울여보자!

(송세경 전)프랑스 한국교육원 원장. 전)파리 국제대학촌 한국관 관장

전북교통방송 '송세경의 상송여행' 출연)

봄의 왈츠

마음으로 여는 그림

그림은 보는 것이 아니라
마음으로 만져야 느낄 수 있는 것.
봄의 생명력이 느껴진다.
나비가 꽃인지 꽃이 나비인지 노오란 꿈들이
새싹처럼 돋아나는 듯 희망차다.
제2의 인생의 날개로 베풀며 살아가고픈
생명의 날갯짓~ 봄의 왈츠처럼 삶을 노래하며
사랑으로 살아가고 싶도록 만든다.
시와 그림이 치유다, 안식처가 되게 하고
그림같은 따뜻한 사랑을 하도록 만든다.
오늘은 집에 들어갈 때 행복의 날개 달고 들어가리라

(송치규 전)백화여고 교사)

오월의 하루를 너와 함께

너와 함께

가슴에 등을 기댄 채
라이너 마리아 릴케처럼
오월을 바라보고 싶다.

손보다 먼저 내민 마음으로
내 심장의 거리에서 가까운
마이산의 꽃밭을 너와 함께 걷고 싶다.

오월의 하루를
온전히 너와 함께 할 수 있다면
마지막 남은 인생의 울림이
참 맑을 것 같다.

너를 사랑한다.
너를 사랑한다.

수십 번, 수만 번의 그리움이
눈물방울의 숫자보다
뜨겁게 꽃으로 피어나는 5월
단 하루만이라도
너와 함께 할 수 있다면

가슴으로 여는 詩포인트

오월의 눈부심은
냉엄한 현실에 메어 사는
우리에게 이데아이지요!
그 단 하루를 온맘다해 통찰하는,
맑고, 뜨거운 열정을 시인은 권하고 있군요.
미국 극작가 아서 밀러의 「어느 세일즈맨의 죽음」 마지막에서
아내 린다의 고백이 연상됩니다.
"빚도 갚고 자유도 얻었는데 집에는 아무도 없다."
어느 단 하루라도 함께 할 수 있다는 마음을 간직한다면
소중한 걸 지킬 수 있지 않을까요?

(**배철** 배철신경정신과의원 원장, 얼굴없는 천사 이삭빛 천사본부 이사장)

수만 번의 그리움

마음으로 여는 그림

차오르는 열정일랑/ 밑그림에 숨겨두고//
원초적 언어들로 어우러진 심상이다/
시선도 더딘 발길 따라/원 하나를 그린다.//
탄생은 탯줄로/ 은혜롭게 이어지고/
달팽이 빈 자궁에선 어떤 꽃이 피어날까!
지나온 천년보다도 사랑의 짐 더 무겁다.//

– 이철원 교수의 새천년의 미소 중에서 –

김정숙 화가의 작품은 혼자가 아니라는 것을 깨닫게 하는
한줄기의 서광이다.
천년을 기다리고 부활한 최초의 빛처럼
위대한 생명이다. (이철원 우석대교수, 시조시인, 팬플릇연주자)

詩시 I

내 모습이 먹구름이라고
난 포기하지 않아.
버거움은
가장 힘들 때 신이 주는 선물,
지금 이 순간이 끝이 아니야.

나만의 길을 걷고 있는 거지

어둠이 어둠을 불살라 빛을 만들어 내듯
꽃에게 향기를
고독한 이에게 푸르름을
음악 같은 빗방울을 물고서
네게 달려가는 거야.

저 들판에 흐르는 강물 소리로
나비들의 작은 날갯짓으로
때론 대적을 무찌른 장군처럼
바다 같은 의젓함으로
네게 다가가는 거야

시작과 끝이 있다는 것은
가슴 뛰는 일이야.
아픔이 쌓여 지탱할 수 없을 때
사랑마저 끝이라고 생각할 때
그때가 신이 나를 가장 나답게 만드는 시간,
시작이라는 걸 잊지 마.

가슴으로 여는 詩포인트

먹구름이 본연의 무게를 죽음이라고 생각하면
얼마나 불행하랴

그러나 그 고통의 무게가 비가 되어
희망을 품게 하는 생명이라고 생각한다면
그 것은 가슴 뛰는 일이요, 기회이며, 축복이리라

모든 것은 마음의 자세에 달려 있다.
비바람을 맞고 나서야,
꽃이 피고,
꽃이 떨어지는 아픔을 견뎌야 열매가 열린다.

여기서 시인은 '아픔도 끝이 있다'고 말하며,
'그 끝은 또 다른 시작'이라고 강조한다.

긍정의 힘은 이토록 눈부시다.
우리 대적을 무찌른 장군처럼 새 희망으로 걸어나가자

(양창수 아이스월드 에어돔 이사)

이 시를 마음으로 느끼다 보니 '아무리 어렵고 힘들어도 밑 빠진 독에 사랑을 부어라 보이지 않은 희망은 콩나물처럼 자란다'라는 이삭빛 시인의 어록이 생각이 난다.

우리는 보통 밑이 빠졌다고 생각하면 합리적으로 그 밑을 막고, 물을 붓든지 아니면 '물을 붓는 사람을 어리석다고 붓지 못하게 한다.' 그러나 시인은 모든 사람의 아픔을 어루만질 줄 아는 마음으로 자연에게 본질적인 질문을 던지게 하며, 이 시를 통해 희망을 선사하고 있다.

이 시는 우리가 살아가는 세상에서 자주 마주치는 어려움과 고통에 대한 진솔한 고민을 담고 있는 내용으로 자연 속에서 느끼는 아름다움과 위안을 바탕으로 언제든지 희망을 가지 수 있다는 메시지를 전달한다.

필자는 특수교사로서 학생들이 어려움 속에서도 삶의 가치와 의미를 되찾고, 내면의 세계를 강화하여 희망과 위안을 찾는 시로 이 시를 적극 추천하고 싶다.

다시 한 번 이시인의 언어를 빌려 '씨앗 한 톨이 싹으로 돋아나기 위해 껍질을 벗는 고통의 시간을 이겨내고 어둠을 뚫고 나오듯, 인생에서 오는 큰 고통이 느껴질 때 다른 내면을 볼 수 있는 눈만 있다면 그 고통은 오히려 희망이다.'라고 말한 것처럼 우리에게 사랑이 되는 시라고 생각한다. (양금선 특수교사)

시 축복

마음으로 여는 그림

이 작품은 가슴 으스러지도록 속삭이는
애인 같은 고향이 느껴져서 좋다.
그리고 국화처럼 핀 낮달의 무게로 퍼지는 향수 같은
어머니의 깊이가 느껴져서 좋다.
바다에 실려 보내온 편지처럼, 따뜻한 이의 마음을 불어 넣어서
가슴 속 상처를 감싸주는 그리움의 색깔이 묻어나서 참 좋다.

(김민우 하나도서대표)

집

이제는 무조건 내 편인 사람을 만나고 싶다
자로 재듯 따지는 합리적인 사람보다
원래 가슴이 따뜻해서
만날수록 더워지는 사람을 만나고 싶다

잘난 사람보다 진실한 사람을 만나고 싶다
너무 똑똑해 충고를 잘하는 사람보다
마음을 먼저 다독여주는
촉촉한 사람을 만나고 싶다

일등이 아니어도 최고로 살아가는 사람
바다를 다 가진 사람보다
강물 한 줄기로 흐르는
풍경 같은 사람을 만나고 싶다

삶의 테두리에 매여
독선적인 양심으로 우뚝 선 사람보다
풀꽃 같은 눈물 한 방울에도 귀 기울이는
따뜻한 사람을 만나고 싶다
어느 곳에서든 온전히 내 편인 사람
나도 그런 사람이 되고 싶다

다 가지지 않았어도
세상에서 가장 아름다운 비밀을 간직한 사람
민들레 홀씨처럼 사랑으로 뛰어나서
어느 곳에서든 꽃이 되게 하는 사람
나도 그런 사람이 되고 싶다

맘 놓고 흉을 봐도
맘 놓고 상처를 드러내도
네 편으로 나를 일으켜 세우는 사람
든든한 산처럼 만날수록 흔들림 없는 사람
이제는 나도 유일한 네 편이 되고 싶다.

가슴으로 여는 詩포인트

나는 가치 있고 성공적인 사업가를 꿈꾸며
끊임없이 도전하고 있다.

집이란 시를 읽으며,
나에게 내 편이 되어줄 따뜻한 사람은
가족이라는 것을 깨닫는다.

사업에 있어서도 모두가 가족이라고 생각하며,
시인의 마음처럼 사랑으로 뛰어나서 꽃의 향기처럼
의미 있는 일로 사업을 키워나가고 싶다.

이 시는 가족의 품이 얼마나 소중하고
고귀한지를 느끼게 해주는 것 같다.

이 시간 나는 가족이 있는 집으로
행복과 미소를 꺼내 들고서 희망으로 향하고 있다.

(김혁용 타이어K 전주총판 대표)

웃음꽃

평생을 마주보고 싶은 사람
죽을 때까지 지켜주고 싶은 사랑

가슴으로 여는 詩포인트

저는 평생을 인동초처럼 노동운동가로서
노동인권을 위해 싸워왔습니다.
정치인으로서도 정의를 위해 노력해왔고,
교육자로서, 시민운동가로 새롭게 변화하면서
가치를 위해 살아왔습니다.
이렇게 열심히 살아올 수 있었던 이유는
제 곁에 여러분들의 위로와 공감이라는
웃음꽃이 있었기 때문이었습니다.

'평생을 마주보고 싶은 사람, 죽을 때까지 지켜주고 싶은 사랑'은
여러분처럼 평화와 정의를 위해 살아가는 사람들입니다.

힘들고 외로워도 가슴 속에 웃음꽃이라는 긍정을
꽃피우며 살아가기를 바랍니다.
이 시의 웃음꽃처럼 저도 그런 사랑을 영원히 꿈꾸면서
이삭빛 시인님의 오월의 '시' 한 편도 건네봅니다.

'푸른 잎에서/울려 퍼지는/ 그대의 언어는//
온 세상을/ 웃음짓게 하는/ 체온의 춤사위//'

이삭빛의 '5월에게' 전문

(김병석 (전)폴리텍 대학 학장, 전주 완주통합 민간추진협의회 실무대표)

오목대에서

오동나무 속, 우주에서 솟구치는
이성계의 궁(弓)소리에
만천하가 다 귀 기울이는데

어이하여 그대만 백 년을 마다하는가?

정몽주의
돌아오지 않은 강은
가슴에 메인 한탄으로 쉴 새 없이 내달리고
남고산성 만경대에 울려 퍼지는 한숨 소리
구름에 베인 상처로
하늘 아래 가득한데
고려를 향한 일편단심
어이하여 변하리.

달빛은 낮으로 돋아나지 못하고
영원한 밤 속에 파묻혔네.

햇살은 낮 속에서 세월을 바꾸고
왜구를 물리친 자진모리
조선의 봄을 열었으리.

가슴으로 여는 詩포인트

오목대는 전라북도 전주시 완산구 풍남동에 위치한 언덕을 일컫는다.
경기전에서 동남쪽으로 약 500 미터 떨어진 곳에 위치하고,
언덕의 정상은 평평하다.
그 아래는 전주천과 전주한옥마을이 있다.
오목대는 1380년(고려 우왕 6년)에 남원의 황산에서 왜구를 물리치고
돌아가던 길에 고조인 목조가 살았던 이곳에서
이성계(1335~1408)장군이 승전 잔치를 베풀었던 곳이다.
이성계는 전주이씨 종친이 있는 이 곳 전주에서
승전 축하 연회를 베풀면서,
중국 한고조유방이 불렀다는 〈대풍가〉를 정몽주 앞에서 읊으면서
역성혁명을 통한 천하제패의 흉중을 드러냈다.
그 후 조선왕조를 개국하고 기념하기 위해 누각을 짓고
오동나무가 많다고 해서 오목대라고 지었다는 설이 있다.
오목대 정상에는 1900년 고종이 태조 이성계를 기리기 위해 세운
비석이 있다.
'태조고황제주필유지(太祖高皇帝駐蹕遺址)'라고
고종이 친필을 내려 비석에 새겼다.
'태조고황제'는 고종이 1897년 황제 위(位)에 오르면서
태조에게 올린 시호이다.
'주필'이란 임금이 머무른 장소라는 뜻을 가지고 있다.

- 투데이안 -

"달빛은 낮으로 돌아나지 못하고 영원한 밤 속에 파묻혔네",
"조선의 봄을 열었으리"라는 시에서
이성계와 정몽주의 관한 한 편의 드라마를 보는 느낌이다.
그리고 활궁자로 의미를 상징한 작품에서
역사의 깊이를 엿볼 수 있다는 사실에 마음이 울컥한다.
또한 현대적이면서도 울림이 있는 작품이 세월을 오가며,
전주의 오목대를 새롭게 재조명해 많은 사람들을
오목대로 불러들이고 있다는 사실에 놀라움을 금치 못하겠다.
왜 오목대시인이라는 꼬리표가 붙었는지 알 것 같다.
필자도 오목대로 달려가고 있으니 말이다. (엄범희 투데이안 대표)

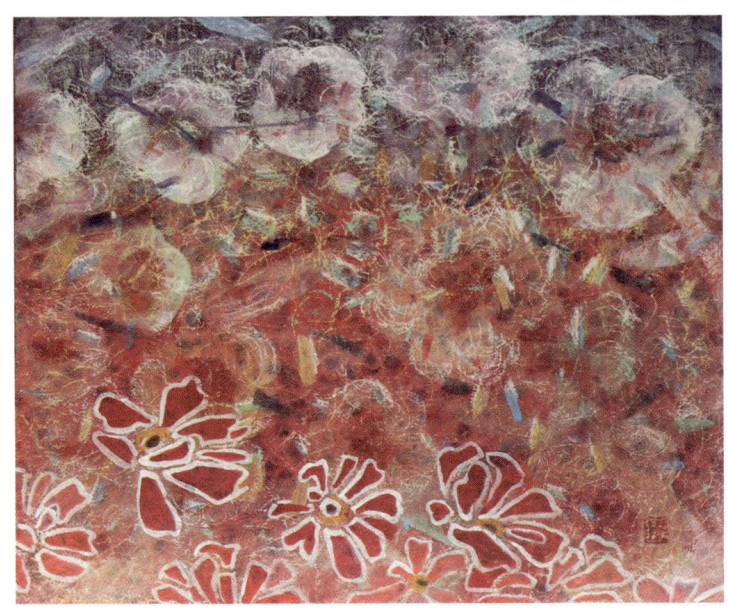

오목대에서 세월을 바꾸는 소리

마음으로 여는 그림

'꽃은 떨어져 강물처럼 흐르고.... 햇살은 봄을 연다?'
이 아름다운 그림 하나가 빛과 어둠의 총체를 표현해내다니!
놀라지 않을 수 없다.
그림으로 그리는 거장 앞에 말없이 무릎을 꿇는다.
그리고 역사라는 거대한 실체 앞에 경외를 표한다.
내일이라도 오목대에 가보리라
이 마음에 오동나무가 커가고 있다.
생각과 마음이 함께 동행하면
어디까지 볼 수 있으며, 그릴 수 있는 걸까?
필자는 바다와 살면서 왜 물방울 하나와 바다가 하나라는 것을 몰랐을까?
김정숙화가의 작품을 통해 보이지 않은 세계를 느낀다.

(신방윤 전)한국그린문학회 회장)

시詩 Ⅱ

하늘이 나를 버리지 않았다

너를 본 순간 알았다
내가 웃고 있다는 것을

가슴으로 여는 詩포인트

이 시는 시의 본질을 통해 희망을 찾아낸
산골시인님의 감정을 잘 담아낸 것 같습니다.

저는 대금연주자로서 이 시를 읽으며,
저도 모르게 함께 연주하는 느낌이 들었습니다
이 시는 짧지만 부드럽고 그 속에 씨앗처럼
무한한 나무를 품고 있는 듯 따뜻하고,
보이지 않는 넘어까지 볼 수 있는 혜안을 선물 받은 느낌입니다.
그리고 이 시는 음악인인 제게도 천재적인 영감을 줍니다.
시인님처럼 저는 음악이 저를 버리지 않았다는 것을 깨닫습니다.
고맙습니다.

(**김수곤** 대금연주자, 무문 공방 대표)

키 작은 미소

죽음조차 불살라
세상을 구원하는 넌

신의 심장도 뚫는 사랑의 화살

가슴으로 여는 詩포인트

평생 교육자로 살아온 필자에게 이 시는 짧지만
강한 인상을 준 작품이다

이 시는 작은 미소로 죽음과 싸우는
인간의 힘과 사랑을 노래한 시로써
그 작은 미소가
'세상을 구원하고, 신의 심장도 뚫는 사랑의 화살'이라는
본질의 의미를 직시하게 만든다.

'교육자는 작은 헌신으로 가르치는 역할을 뛰어 넘어
삶의 어려움과 맞서고, 제자들의 성장과 행복을 위해
자신의 삶을 바치는 사람'이라고 생각한다.

이 시는 60세가 넘은 필자에게 교육자로서 그 시절의 삶을 되돌아보고
성찰하게 하는 의미있는 작품으로 여겨진다.

또한 얼굴 없는 천사본부장으로서 천사의 작은 미소가 보이지 않은
진정한 구원(교육)자가 아닐까 생각하며,
더불어 천사정신 운동가로 활동하는 교육자이자
이 시집을 기획한 노상근회장님도 또 다른 구원자라고 생각한다.
그러고 보면 거창하지 않아도 각자의 위치에서 최선을 다해 살아간다면
우리 모두 인간적 구원자로서 살아가고 있다고 자부심을 가져도 되리라.

(박성옥 전)중앙여고 교장. 이삭빛천사본부 본부장)

봄비에게

그대, 마지막이라고 말하지 말아요

땅에 떨어진 눈물
뿌리처럼 뻗어 나가
신도 못다 한 이야기
아픈 햇살에 씻어내고

우리, 가슴 뛰는 언덕으로 뛰어올라
천만 송이 꽃으로 돋아나요
- (3.1 승광재에서)

* **詩포인트 :**
봄비는 희망의 노래이자 사랑의 마중물이다.
죽음을 녹여내 꽃을 피우는 생명력이다
우리 안에 그 거룩한 힘을 발견하고
희망의 문을 여는 것이다. - 이삭빛

가슴으로 여는 詩포인트

땅에 떨어진 눈물
뿌리처럼 뻗어 나가 ……
아픔을 이겨내고 땅에 떨어진 봄비를
눈물로 표현한 시인의 시적 상상력이
천만 송이 꽃으로 돋고 있는 듯 출렁이네요

봄비의 강인한 생명력을 느낄 수가 있어요
메마른 가슴에 신선한 호흡기를 달아주는 것 같아
너무나 멋진 시에요

필자도 감상을 핑계 삼아
시평을 시 한 수로 표현해 봅니다.

봄비가 이별의 아픔을 절규하고 있네요
봄비가 사랑의 찬가를 노래하고 있네요
봄비가 생명의 탄생을 기도하고 있네요
봄비가 부활의 불꽃을 갈망하고 있네요

(유영석 '바다를 꿈꾸는 개구리 저자', 한신대학교 교수)

> 잠깐, 뿌리 詩 코너

촌거모춘(村居暮春) : 늦봄의 시골 풍경

매천 황현 梅泉 黃玹

桃紅李白已辭條　복사꽃 오얏 꽃은 이미 다 시들고
(도홍리백이사조)
轉眼春光次第凋　찬란했던 봄풍경 쓸쓸하네
(전안춘광차제조)
好是西簷連夜雨　허나, 서쪽 처마 끝에 밤새 내린 단비로
(호시서첨련야우)
靑靑一本出芭蕉　푸르른 파초 한 그루 시원스레 솟아나네
(청청일본출파초)

매천 황현(梅泉 黃玹, 1855~1910) : 한 말의 역사학자, 시인, 독립운동가, 애국계몽사상가. 1910년 경술국치로 절명시(絶命詩) 4수1편을 남기고 자결하였다. 조선왕조 제일의 애국시인으로 저서에 매천야록, 매천집 등이 있다.

7절 6수 가운데 제2수로 시간적 배경은 늦봄으로, 주제는 '가는 봄에 대한 아쉬움'이다. 한 편의 아름다운 산촌 초막의 사경시(寫景詩)를 보는 듯한 느낌이다. 청상(淸爽)한 맛이 있다.
　상대적으로 결구에서 여름이 오는 것에 대한 기대감을, 희망을 표현해 놓았다.

역자 : 김영봉 매천사상연구소장, 매천 시 2,027수 최초 완역 저자, 교육학박사
　　　저서 – 매천 황현 시와 사상(세종학술도서), 매미의 철학(수필집)
※허나 : '그러나'의 비표준어 (시적허용)

바다에서

그대 앞에 있어도
그대가 보고 싶어
그대 옆에 있어도
그대가 그리워져

사람이 사람을 사랑한다는 것은
눈앞이 캄캄하도록
'오로지'
홀로 서서 부서져 내리는 일

한 번도 사랑해보지 않은 사람은 몰라
그 아픔이 얼마나 찬란한지

죽도록 사랑한다는 것은
아찔한 외로움 끝에서도
별처럼 소금 꽃이 되는 일이지.

고통의 파도를 사랑이라고 부르는 일이지.

* **詩포인트 :**
사랑은 지배하는 것이 아니라 자유를 주는 것이다. - 에리히 프롬
사랑을 방해하는 것은 아무것도 없다. 사랑은 아무리 이를 막아도 모든 것 속으로 뚫고 들어간다. 사랑은 영원히 그 날개를 퍼득이고 있다. - 마티아스 크라우디우스

가슴으로 여는 詩포인트

달이 기울 때 얼마나 아름답더냐?
해가 기울 때 그 내면의 바다가 얼마나 찬란하더냐?
그 뒷면을 보는 자는 사랑을 위해 우주 속으로 걸어 들어간다.

우리 사는 세상이 온통 휘어져
아픔으로 떨어져 간다 해도
그것은 소금 꽃이 되는 일임을 알아차리는 일이다.
그래서 매 순간이 그리움이고, 보고 싶은 사랑으로 몸서리치는 일
이 작품에선 홀로 부서져 내리는 일까지 가슴으로 솟구치게 하여
사랑으로 승화시킨다.

그리고 파도마저 기다림의 연속이며,
고통 끝에 오는 가장 순수한사랑의 입맞춤임을
눈치채게 하고, 포기하지 않게 만든다.

단 한 사람 그대를 맞이하라고 한다.
그러니 천년인들 어찌 못 기다리겠는가?

(임미순 문화서적 대표)

꽃의 바다

마음으로 여는 그림

삶이 나뭇잎처럼 마르면 새들이 마른 나무에 둥지를 짓지 않는다.
사랑도 움직이지 않으면 곁을 떠난다.
꽃의 바다처럼 살아서 움직일 일이다.
생각의 바다에 희망의 꽃을 피우면서 서로를 바라보며,
청춘으로 걷자, 선택은 선택하는 자의 몫,
많은 어부가 있었으나 베드로만이 갈릴리 랍비를 붙잡았다.
물방울로 왔으니, 바다의 눈, 파도의 꼬리를 붙잡고
끝없이 일렁이며 가자.
김정숙화가의 작품은 사람을 치유하는 따뜻함이 있다.
가만히 있어도 저 밑바닥,
어디에선가 어머니같은 포근함으로 채워주니
말없이도 저, 꽃의 바다는 내게 어머니이다.

(**채수억** 화백, 사진작가)

나는 네가 그리워 나무가 된단다

밤에는 나무가 별이 된단다

밤에는 숲이 무수한 별이 된단다

하늘은 네가 보고파 밤이 된단다

나는 네가 그리워 나무가 된단다

나는 네가 그리워 나무가 된단다

이삭빛

밤에는 나무가 별이 된단다

밤에는 숲이 무수한 별이 된단다

하늘은 네가 보고파 밤이 된단다

나는 네가 그리워 나무가 된단다

어린이 화가
최윤 우림초 5

가슴으로 여는 詩포인트

이 시는
'사랑하는 사람이 그리워서 나무가 된다'는
휴머니즘적인 따뜻함이 숨어 있다.
그러면서
한 그루의 나무를 비유로
시인은
인간의 삶을 사랑이라는 그리움으로 바라볼 때
미래 마저 풍성한 열매로 성장한다는 의미를 내비치고 있다.
밤에는 나무가 별이 되고, 숲은 또 무수한 별이 되고,
하늘은 또 네가 보고파 밤이 되며
나는 네가 그리워 다시 나무가 되는 선순환적인 정신을 느끼게 해준다.
그리고 나와 너와의 관계, 또, 나와 나 사이의 관계를 통해
사랑하는 이를 위해서라면
오직 나무처럼 살아가야 할 것 같은 열정을 선사해주는 글이다.
필자도 '가족을 위해, 소외되고 어려운 사람들을 위해,
정의를 위해, 한 그루의 의미 있는 나무로 살아가리라' 다짐하게 하는
작품으로 이 시를 나의 모든 사랑들에게 권하고 싶다.

(성장현 변호사)

가슴으로 여는 詩포인트

이 시는 중년인 나에게
소녀적 여린 감성을 끌어내는 묘한 힘이 있네요
자연이 점점 좋아지는 요즘,
이 시를 통해 나와 타인을 폭넓게 이해하고 사랑하는
여유를 갖게 해주네요
그리고 한 편의 동화처럼 그리운 마음마저 따뜻하게 해주네요

(이정아 cbs오케스트라 단원, 전주대 평생교육원 강사)

너와 나

한여름, 하얀 눈이 펑펑 내린다.
사랑한다는 것은 홀로 눈을 맞는 일이다.

시린 세상을 가장 약한 발걸음으로
한 걸음 더 걸어가는 것이다.

백석은 자야를 사랑하고 눈(雪)이 되었고
자야는 백석을 사랑하고 시(詩)가 되었다.

아픈 사랑은 그리움이 천 년보다 길다.

가슴으로 여는 詩포인트

이 시는
'가슴으로 만난 사람은 모두 꽃이다'라는
이 시인의 어느 시, 제목처럼 사랑이란,
시대와 환경에 맞서고, 신분과 나이를 뛰어 넘는다는 것이다.
그를 통해 서로를 위해 희생하고 지지하며,
사랑을 잃더라도 삶을 포기하지 않는다는 정신까지도 녹아 내고 있다.
또한 사랑은 서로의 추억을 기억하며 기다리고 바라보는 것이라는 것.
백석과 자야의 사랑처럼 이 시는 우리에게 영감과 위로를 준다.
진정한 사랑이 무엇인지, 어떻게 해야 하는지, 꿈과 희망을 주며,
사랑은 아픔과 이별도 아름다움이며,
영원함을 느끼게 해주는 이 시대의 감성 시 임에 틀림이 없다.
감명 깊은 영화 한 편 본 느낌이다.
시는 또 하나의 꽃의 향기.
그 향기가,
글을 쓰고 있는 필자의 마음에도 스며들어 어느새 꽃이 된다.

(기동환 전주시 한궁협회 회장)

담쟁이

가난한 하늘에
머리를 박고 두 손 모아 기도했지
반짝이는 푸른 별을 모아 한 땀 한 땀
박아가며 스스로 천국을 만들어 가는 파란 손은
촘촘하게 하늘을 끌어당기며
길을 내었지.

기댈 곳이라곤 벽이 아닌
떨어질 듯
아슬한 허공
어릴 적 그는 이미 누군가의 강한 손에
잘려나간 적이 있었지
벽을 믿었던 탓에
허무하게 배신당해야만 했어.
허리가 잘려나가도록 혹독한 아픔은
구부려 휘어지는 법을 알게 되고
거머쥔 손을 펴야 하는 것을 알게 되었지.

그 파랗고 여린 것이 별이 되어 떠오르면서
푸르도록 파란 하늘을 엮어낼
부활의 시간에 다다른 거지.

※오프라 윈프리 : 작품 속 주인공

가슴으로 여는 詩포인트

모든 일은 할 수 있다는 자신감으로부터 출발해야 한다.
외적인 것이 아닌 내적인 동기로 무장시켜야 한다.
자신의 마음속에 꿈을 가지고, 실현 시킬 수 있다는 생각을 하면
그것이 성공이라는 출발점이 되는 것이다.

세상을 두려워 하지 말라
이미 그대에겐 모든 것을 이겨 낼 힘이 내재 되어 있나니

오프라 윈프리(작품 속 주인공)처럼, 그녀를 자기 자신이라고 생각해 보라
모두가 불가능하다고 손가락질 할 때
그녀는 자신의 상처를 희망의 사다리로 만들었다.
나의 곁에 아무도 없다고 생각이 들 때도
마음가짐이 나의 하늘이고 나의 지지자라고 생각하라
그리고 홀로서기로 당당하라
그러기 위해서는 별처럼 지혜롭게 상황을 직시해라
그리고 나 자신을 그 누구하고도 비교하지 마라
그러면 어떤 상황에서도
나무의 뿌리처럼 생명의 길을 찾아 낼 수 있을 것이다.
그러니 '가난하다고, 장애인이라고, 나이가 먹었다고,
머리가 나쁘다고, 뚱뚱하다고'
온갖 핑곗거리를 갖다대지 말라
오직 사랑으로 뛰어나서
어디선가 그대를 위해 응원하는 그대의 심장에 귀를 기우려라

필자는 건축가로서 이 작품처럼 나 자신을 뛰어넘어 모든 이에게
위로가 되는 '웃음소리 나는 인생의 진정한 집' 같은 집을 지을 것이다.

(이경춘 건축사업가, 전)전주 서부지역발전협의회 회장, 민주평통자문위원)

부활의 소리 담쟁이

마음으로 여는 그림

이삭빛 TV 방송을 통해 김정숙화가를 처음 만났다.
이삭빛시인은 원래 시를 통해 알고 지낸 사이지만
매체를 통해 그들의 작품을 재해석하게 되었다.
담쟁이는 상처와 시련을 공감력으로 승화시켜 눈부신 성공을 거둔
오프라 윈프리의 파란만장한 인생을 그린 작품이라고 소개했다.
인생은 어쩌면 우리의 바람과 상관없이
우리를 엄습하는 운명들로 점철되어 있다고 생각할지 모르지만
이런 생각을 뒤흔드는 시가 이삭빛시인의 담쟁이며,
김정숙화가의 부활의 소리가 아닌가 생각한다.
김화가의 작품에선 성경 말씀처럼
눈부신 신의 소리가 들리는 듯하고,

이시인의 시에선 어려움을 딛고 일어설 수 있도록
어머니의 품속 같은 강인함을
조용히, 그리고 따뜻하게 일으켜 세워주는
마술 같은 힘을 주는 시라고 생각한다.
처음엔 왜 이 작품을 담쟁이라 했을까? 생각했지만
눈으로 보면 볼 수 없는 것을
시인과 화가는 마음으로 보는 법을 알려준다.
위대한 시와 그림 앞에 꽃송이처럼 벅차오른다.

(서을지 시인, 화예명인, 사)대한청소년 충효단 전북연맹 전주완주 지부장)

너와 나를 위한 서시

꽃피는 소리에 귀 기울이게 하소서

어둠 속에서 발버둥 치는 뿌리의 귀한 마음을
감사한 눈빛으로 바라보게 하소서

너와 내가 모든 이의 가치를
꽃의 언어로 지켜나가되
갈등의 고리마저
오늘과 내일의 희망의 종소리로 여기게 하시며,
참된 사람들의 초라한 눈빛도
별처럼 가슴에 품게 하소서

고통 속에서도 날마다 새롭게 날갯짓하는 뿌리를
가장 낮은 자세로 섬기게 하시며
우리의 존재를
꽃의 마음으로 감추어
밤하늘의 별처럼 높은 마음으로 살아가되
세상의 가장 작은 자의 반짝이는 친구가 되게 하소서

 * 詩포인트 : 아무리 힘들고 어려워도 밑 빠진 독에 사랑을 부어라
보이지 않은 희망은 콩나물처럼 자란다 – 이식빛

가슴으로 여는 詩포인트

이 물질 만능의 시대에 우리는 사랑 앞에 당당히 마주 설 수 있는가?

이 시대의 시인은 그래서
'날마다 새롭게
날갯짓하는 뿌리를 섬기자고 말한다.'
그러면서 가장 낮은 자의 친구가 되기를 간절히 원하며,
그 본질적인 의미에 따뜻한 손을 내밀고 있다.

필자도 소외되고 어려운 사람들에게(밑 빠진 독)
마중물처럼 사랑 한 바가지 붓고 싶다.

(김동익 군산대 교수)

사랑하고 있다면 아픔도 사랑이요,
외로움도 죽음도 사랑이다.
사랑과 외로움은 늘 동반자처럼 함께 살아간다.
사랑은 그 자체만으로도 벅차올라서 눈물이 날 때가 있다.
미울 때도 사랑이다. 귀찮을 때도 사랑이다.
어찌 인간이 신처럼 완전한 사랑만 할 수 있으랴?

호스피스 병동에서 오카리나 연주 봉사를 하면서
이 시인의 한 줄의 시처럼
'고통 속에서도 날마다
새롭게 날갯짓하는 뿌리를 가장 낮은 자세로 섬기는 사람들'을 보며
그들과 함께 한다는 사실만으로도 나는 눈물겹다는 생각을 하곤 했다.

주님의 은총이요, 초라한 죽음마저 위대하게 하시는 놀라운
주님의 사랑임을 깨달아 가면서 오늘 이시인의 '너와 나를 위한 서시'가
더 따뜻하게 와 닿는다.

어쩌면 죽음은 새로움을 알리는 종소리이다.
아파서 죽어간다고 그들을 그냥 보내지 말자,
세상에서 가장 극진하게 모시며,
'그들과 함께 죽음으로 다시 태어나자'는
이 시인이 쓴 화자의 마음에 응원을 보내본다.

(김영식 RGB 예술문화아카데미 센터장, 오카리나 연주자)

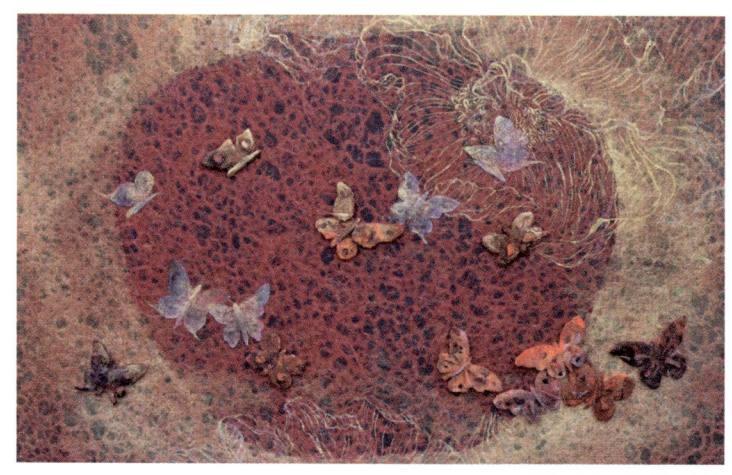

너와 나를 위한 서시

마음으로 여는 그림

암흑 속 잔뿌리까지 사랑을 감지하는 마음이여!
우리는 모두 사랑으로 와서 사랑으로 함께하리.
부드러운 사랑은 가장 강한 힘.
지금 당장 사랑하지 않으면
내일은 사랑에서 떠난다.
가장 소중한 것은 마음에 품고 마음의 눈으로 봐야 한다.
오늘 그대의 마음이 오늘의 사랑이요, 희망이다.

(**노명희** 가족사랑연구소 소장)

아픔 속에서도 사랑을 감지하는 나비들의 마음이 희망을 속삭이듯
아름답게 다가옵니다.
부드러운 사랑이 가장 강한 힘이라는 메시지가 엿보이며,
사랑할 때만 꽃이 핀다는 어느 시인처럼
그림자체가 주는 힐링은 신의 선물처럼 황홀합니다.

학교에서 교장으로 근무할 때 악기연주로도
아이들의 발걸음을 멈추게 했고,
마음의 숨결을 음악으로 열었던 시절을 그림을 통해 열리게 하니
명작 중에 명작으로 마음을 위로하는 치유작품이라고 생각합니다.
감동입니다.

(**홍인표** 유연성 단소협회 회장. 대금연주자)

소낙비

천년 동안 영화는 슬펐다
내 생은 푸른 영화였다

너는 내게 가장 뜨거운 이름이었다
가장 아름다운 눈물이었다.

- 홍범도 장군, 고국의 품에 돌아 온 날

* 詩포인트 :
일제 강점기 일본군을 상대로 한 '봉오동 전투'를 승리로 이끌었던
홍범도 장군의 유해가 카자흐스탄에서 잠든 지 78년 만에 우리나라로 돌아왔다.
1920년 홍범도 장군이 이끄는 무장 독립군은 만주 봉오동에서
일본군 추격대와 전면전을 벌여 승리를 거둔다.
그 유명한 '봉오동 전투'~ 영화 '봉오동 전투' 중
"나라 뺏긴 설움이 우리를 북받치게 만들고 소총 잡게 만들었다 이말이야"
같은 해 10월에는 김좌진 장군과 청산리에서 일본군 부대를 또 격파한다.
하지만 홍 장군은 끝내 조국의 독립을 보지 못하고 1943년 카자흐스탄에 잠들었다.
장중한 음악 속에 카자흐스탄 의장대가 태극기에 쌓인
홍범도 장군의 유해를 운구하고 우리 대표단이 유해를 인수해 특별 수송기에 올리고,
비행기는 곧바로 출발했다.
홍 장군이 78년 만에 고국으로 돌아오는 순간이다. - 출처 : 투데이안

가슴으로 여는 詩포인트

일제로부터 우리 민족을 해방하기 위해,
몸 바치신 독립운동가 홍범도!
그는 고향이 북쪽인데도 그 곳으로 가지 못하고 남으로 왔다.
그나마 남쪽으로라도 모실 수 있어서 가슴 벅차다....
그런데 왜 이리 가슴이 아리단 말인가?
이는 '분단 된 조국 앞에,
손 놓고 있는 우리의 부끄러운 자화상 때문이 아닐까 생각해 본다.

'천 년 동안 영화는 슬펐다'가 또 마음을 울린다.
독립운동가, 홍범도 그 이름, 앞에 숭고한 마음으로
남북통일이 되기를 간절히 기원하며,
짧은 시 속, 천 년 동안이라는 상징적인 슬픔마저
소낙비에 씻어 내려가길 기도해 본다.

(문원근 문원교육 중국어 학습 대표)

나무를 사랑하는 사람을 사랑하라

나무를 사랑하는 사람을 사랑하라
나무를 사랑하는 사람은 8월을 사랑하는 사람이다.
만남을 소중히 여기는 사람이다.
행여 이별이 찾아와도 9월의 열매 앞에 당신을 기억할 사람이다.

겨울을 사랑하는 사람을 사랑하라
겨울을 사랑하는 사람은 3월을 사랑하는 사람이다.
아픔도 사랑의 노래라는 것을 아는 사람이다.
행여 익숙하지 못한 사랑으로 당신을 떠나보내는 일은 없을 것이다.

자유를 아는 사람을 사랑하라
자유를 아는 사람은 1월을 사랑하는 사람이다.
기다림을 아는 사람이다.
행여 당신이 방황할 때도
반짝이는 눈으로 등을 켜놓고 당신을 기다려줄 사람이다.

슬픔을 아는 사람을 사랑하라
슬픔을 아는 사람은 5월을 사랑하는 사람이다.
당신의 슬픔과 기쁨을 함께 해줄 사람이다.
행여 당신이 하늘 끝까지 올라가도 끌어내리지 않을 사람이다.
천사의 날개를 훔쳐서라도 당신을 믿음으로 감싸줄 사람이다.

밤하늘을 사랑하는 사람을 사랑하라
밤하늘을 사랑하는 사람은 13월을 사랑하는 사람이다.
당신의 삶에 별이 되어줄 사람이다.
'후두둑' 사랑이라는 빗방울로 생명을 불어 넣어 줄 사람이다.

가슴으로 여는 詩포인트

'나무를 사랑하는 사람을 사랑하라'는 인간의 삶을
대자연과 함께하는 방법을 찾기 위한 작품이라는 생각이 든다.

또한 대자연과 조화롭게 살아가기 위해서는
우리가 그 안에 살아가는 모든 존재들을 함께 존중하고
사랑하는 마음이 필요하다는 것을 알려주는 영감적인 작품이다.

나도 그림을 그리는 화가로서 나무의 작가라고 할 정도로
나무를 많이 그린다.
나무란 생명의 원천이다.
생명은 고귀함을 뛰어 넘어 가장 아름다운 가치라고 생각한다.
글을 쓰는 이순간도
'후두둑' 사랑의 빗소리가 들려 올 것 같아,
마음을 먼저 초록으로 물들인다.
이 시처럼
'천사의 날개를 훔쳐서라도 당신을 믿음으로 감싸줄 사람'이라면
가장 인간의 마음을 이해하고 상처를 싸매주는 사람이리라.

시가 주는 지혜가 신의 손길을 닮은 것 같아 마음이 따뜻해진다.

(전철수 화백, J-art 갤러리 관장)

잠깐, 뿌리 詩 코너

차상아하과운(次祥兒夏課韻)
: 상아의 여름 과제로 시를 짓다

매천 황현 梅泉 黃玹

荏苒風光變 (임염풍광변)	세월 흘러 어느덧 풍광이 바뀌고
石榴花又開 (석류화우개)	빨간 석류꽃 피는 계절이 또 왔네
亭亭晴蟢出 (정정청희출)	커다란 갈거미 엉금엉금 기어 나오고
歷歷晝蚊來 (역력주문래)	대낮의 모기는 영락없이 쏘아대네
地小園無課 (지소원무과)	좁은 정원이라 과일나무 없지만
賓稠徑不苔 (빈조경불태)	손님 많아 좁은 길도 반들거리네
村醪愁際得 (촌료수제득)	텁텁한 시골 탁주는 수심을 잊게 하고
容有過重盃 (용유과중배)	여러 잔을 거듭 먹으니 즐거워지네

　상아는 매천 황현의 아들을 말한다. 거미가 엉금엉금 기어 나오고 모기가 쏘아대는 여름철이다. 깊은 산골에 은일의 처사로 살아가고 있지만 오히려 찾아오는 손님은 많기만 하다. 덕분에 먹는 막걸리 맛은 일품이다. 근심을 잊고 여러 잔 마셔 기분이 더욱 좋다. 지족(知足)의 마음이다.

(역자 : 매천사상연구소장, 매천 시 2,027수 최초 완역 저자, 교육학박사)

가슴으로 만난 사람은 모두 꽃이다

먼저 내민 손보다 더 반가운 가슴으로 서로를 바라보면
별보다 고운 발걸음이 사람의 문 앞에서 사랑을 노크한다
인연이라는 만남으로 생의 시간을 차려 놓고
산보다 큰 상처를 키 작은 단풍으로 어루만지면
가을은 나뭇잎 사이로 흐르는 사랑의 눈빛보다 더 강렬하다

사랑하고 싶어서 청춘은 이슬의 시간을 천년으로 닦아내고
사랑받고 싶어서 시인은 황금빛 시를 가슴으로 쏟아 붓는다
사람은 누구나 만날 수 있지만 사랑은 가슴으로 만날 때 가장 숭고한 꽃이 된다

무소의 뿔처럼 혼자 가는 삶도 때로는 아름답지만
사랑의 계단을 밟는 우리는 다 함께 아픈 상처를 사막에서 건져내야한다
그러기 위해서는 별처럼 지혜롭고
낙화처럼 떨어지는 햇살 앞에서도 한 송이 꽃으로 승화돼야한다
가슴으로 만난 사람은 모두 가을처럼 깊고 붉은 한 송이 꽃이 된다

가슴으로 여는 詩포인트

"가슴으로 만난 사람은 모두 꽃이다"라는 시를 만나고 나서
망설임 없이 암송했던 기억이 난다.
이 고귀한 시 앞에서 산 같은 상처는
잎새에 있는 바람에 별이 스치듯 황홀한 축복이 됐다.
뿌리가 단단할수록 나무는 하늘에 손을 뻗어 자유롭다.
그만큼 정신은 더 깊어지고 넓어진다는 의미로
이시인의 시에 매료되어 한참을 기도하는 마음으로 서 있었다.
시인들은 꽃 한송이에서 천국을 발견한다고 한다.
이 시인의 시에서 가을은 사랑의 눈빛보다 더 강렬하다고 했다.
무슨 의미일까?
사랑은 아마도 먼저 내민 사랑의 자세가 아닐까 생각해본다.

천년을 닦아낸 이슬의 시간처럼 말이다.
좋은 시 한 편이 이토록 강렬한 이유는 왜일까?
그 속에 숭고한 마음이
꽃향기로 날고 있기 때문이리라. (고양숙 화산쥬얼리 대표)

시(詩)가 사람을 쓰는가?
이삭빛 시인의 시를 읽으면서
'산보다 큰 상처를 키 작은 단풍으로 어루만지면서'
살아가는 시인의 모습을 떠올리는 것은 평자(評者)만의 생각이 아니리라.
지금까지 얼마나 많은 인연들이 가슴으로 만나
'키 작은 단풍'의 어루만짐을 받으며 마음의 생채기를 다독여 왔을까?

(유진식 전북대학교 법학전문대학원 교수)

머리가 아닌 가슴으로 사는 삶을 노래한 작품으로
우리가 삶을 살아가는데 있어서 서로를 깊이 이해하고 나누며
살아가야 한다는 아름다운 교훈을 얻게 된다.

꼭 성자처럼 살아가라고 하는 의미는 아닐 것이다.

아픔과 고통 없는 사람이 어디 있으랴?
대나무 마디처럼 서로 아픔을 이겨내고 성장하며 가는 길이
가슴으로 살아가는 우리 내 모습이 되어야 하지 않을까?

이 시는 읽는 것이 아니라 가슴으로 느끼는 시편 같은 작품이다.
가을이 꽃으로 승화하듯 마음을 치유하는 따뜻한 작품이다.

(조성자 전주예술고 교사)

가슴으로 만난 사람은 꽃이다

마음으로 여는 그림

김정숙화가의 작품은 그야말로 가슴으로 만난 꽃이다.
화가 이전에 그녀에게선 정신이 먼저 별처럼 빛나고 있다.
그림에 혼이 깃들어 있다.
이런 작품을 감상할 기회를 줘서 영광이다.
은은한 아름다움이 마음을 사로잡는다.
미술전시장에서나 볼 작품을 누구나 볼 수 있도록 기회를 줘서
대중들께도 가장 사랑받는 화가가 될 것이라 믿어 의심치 않는다.
그리고 나의 작은 바람이 있다면
김정숙 명화가의 기품있는 작품이 가구에도 새겨져서
좋은 그림과 늘 함께 호흡하기를 기도해본다.

(임진선 전주동서가구 대표)

작가 작품의 배경

화가는 그림으로 심상의 세계를 표현한다.
감사, 축복, 담담함, 자연, 내려놓음, 온유, 여백,
비움, 진정성, 자유, 너그러움, 관조, 여운...
유난히도 더웠던 여름날,
우리정신과 얼을 담고 있는 천년 자산인 한지와 달항아리를 부여잡고
현대적 조형성에 접목하기 위해 심호흡을 하면서 에너지를 토해냈다.
한지는 단순한 재료 이상의 의미를 뛰어넘어
우리의 문화적 자부심이라고 말할 수 있다.
조선시대 백자대호 달항아리는 우리 조상들의 단아한 정신세계가
녹아 들어있지 않는가?
기교를 지워 기품을 새겼으며, 빛깔을 지워 달빛을 빚었다.
뽐내지 않아 푸근하고, 억지가 없어 너그럽다.
모든 것을 비웠지만 은은한 아름다움으로 가득 차 있다.
나와 너, 과거와 미래가 공존하는 달항아리는
그 앞에 설 때마다 각기 다른 이야기를 들려준다.

(김정숙 화가 작가노트 중에서)

상사화

가지 마셔요
가지 마셔요

사랑이라는 슬픔에
기댈 수 없어요

가지 마셔요
몸은 가도 마음은 가지 마셔요

그대, 보내는 내 마음
그대는 몰라요

이 눈물이 산처럼 쌓여 별이 되어도
그대 사랑하는 맘 변할 수 없어요

가지 마셔요
가지 마셔요

사랑이라는 외로움에
기댈 수 없어요

가지 마셔요
몸은 가도 마음은 가지 마셔요

그댈 위해 온전히
그대가 되어
그리움처럼 꽃처럼 살아갈게요.

가슴으로 여는 詩포인트

이삭빛 TV 방송을 통해 대금 연주와 시가 만나
하나의 풍경 소리로 거듭났다.

바람과 풍경처럼…
나의 대금은 상사화를 만났고,
상사화는 나의 연주를 위해 살포시 잎사귀가 되어 주었다.

나는 어릴 적 대금 연주하는 것에 이끌리어
한참을 감격에 휩싸인 기억이 있다.
그 후, 대금은 나의 사랑하는 사람이자 분신이 되었다 해도 과언이 아니다.
이 분신이 시로 인해 다시 태어났다고 생각하니
시 또한 나의 또 다른 사랑의 색깔이 아닐까 생각해본다.

이 작품에서는 참사랑이 느껴진다.
영원히 주고자 하는 사랑의 깊이가 출렁인다.
눈물이 산처럼 쌓여 별이 되어도 사랑은 영원하다고 노래하고 있다.

이루어질 수 없는 사랑이지만 이미 마음은 이뤄진 참사랑,
그래서 아프고 그립지만 온전히 주는 사랑으로 꽃내음이 물결처럼 빛난다.
사랑은 모든 것을 사랑으로 승화시킨다.

이 시는 그래서 사랑이다.
한 편의 시가 이토록 외로운 가운데서도 아름답게 느껴지는 것은
내가 사랑하는
대금과 닮은 울림이 있어서일까?

(서정미 전북대 한국음악과 겸임교수. 전북도립 국악원 관현악단 대금 수석)

상사화

마음으로 여는 그림

상사화는 바다의 물결이다.
이미 하나로 연결된 사랑이라는 말이다.
어쩜 화가는 모든 걸 초월해 사랑을 고통으로 표현하고 있는지 모른다.
사랑은 주고자 할 때 참사랑이다.
상사화라는 꽃을 통해 화가는
사랑을 바다에 비유하고 있다.
밀물과 썰물처럼 그렇지만 하나이기에
진정한 의미에서 서로를 위해 일평생을 주고 간다.
그래서 '더 그립고 고결한 사랑으로 영원히 출렁이는 것이 아닐까?'라고
말해주듯이 말이다.
마음을 녹이는 작품 앞에 경이롭도록
차분한 마음이 드는 이유는 뭘까?

(**송창점** 시낭송가, 전)백화여고 교장)

아버지
- 잎새 -

어둠을 껴안은 나뭇잎은
뿌리가 깊게 내리도록
밤하늘에 별이 되었지

이글거리는 태양과
혹독한 겨울밤도 마다하지 않고
인생의 마지막,
떨어지는 순간까지도
나뭇잎은 희망의 찬가를 빛처럼 쏟아냈지

고통의 짐이 크면 클수록
뿌리보다
더 아래로 몸을 낮춘
거룩한 잎새

처절한 땅속 그 끝트머리에서 조차
교육의 선구자로 몸 바친
큰 스승이시여!

가슴으로 여는 詩포인트

무한한 제자 사랑과 교육의 대한 열정으로
나뭇잎 같은 헌신을 베풀고 가신

이 시대의 진정한 교육의 아버지로서
평생을 교육에 헌신해 오시고,
5남매에 대한 자식 사랑에도 남달랐던
노상근교장 부친이시자 우리들의 영원한 스승으로 남은
교육의 아버지께 바치는 시이다. (이삭빛)

나뭇잎 하나가 온 세상을 품을 수 있구나!
뿌리로 왔다가 잎이 되어 온전히 주고 가신 사랑,
가장 작은 잎새가 가장 큰 사랑으로 우뚝 설 수 있다는 사실이 경이롭다.
보통 큰 위인들은 뿌리나 거목만을 많이 비유하는데
그 하찮은 잎새 앞에
두 무릎을 꿇게 하다니…!
보이지 않은 헌신은 성령의 불보다 뜨거우리.
잎새의 반짝임이 살아서 움직인다. 헌신과 사랑은 비례하는 것일까?
잎차를 마시며,
그 속에서 교육의 갈 길을 본다.

(이명희 전라북도 부안교육청 장학관)

축복 잎새

마음으로 여는 그림

바람이 분다. 단풍이 유성처럼 심연으로 떨어진다.
위대한 위인들의 마지막 노래는 민낯이기에 더 아름답다.
그래서 마지막이 숭고한 걸까?
그 마지막은 낮아짐으로 다시 처음이다.
그렇게 낮아진 빛은 어둠을 뚫고 들어가 생명을 낳는다.
김화가의 그림은 그 이상의 내면을
승화시키는 신의 고요한 눈빛을 닮았다.

(서거석 전라북도 교육감)

사람이 사람에게 줄 수 있는 것은

사람이 사람에게 줄 수 있는 것은
사람이다.

사람은 기적이다.
사랑이며, 세계를 움직이는 꽃이다.
두 사람을 하나로 만드는 마법이다.
열 사람을 사랑 안에 거하게 하는
하얀 심장이다.

사람이 사람에게 줄 수 있는 것은
사람이다.
사람이 사람에게 받을 수 있는 것도
사람이다.

이 세상 어느 것도 사람만큼 중요한 게 없다.
내가 먼저 좋은 사람이 되는 것이다.

* 詩포인트 :

정현종시인은 "사람이 온다는 건 실은 어마어마한 일"이라고 말했다.
부서지기 쉬운 그래서 부서지기도 했을 그 마음을 꼭 안아주는 일,
사람이 사람에게 줄 수 있는 것은 먼저 좋은 사람이 되어 주는 일이며,
사람만큼 소중한 것이 없다는 것.
사람이 사람에게 줄 수 있는 것은 오직 사랑이다.
오직 사람이다. - 이삭빛 -

가슴으로 여는 詩포인트

사람이 사람에게 줄 수 있는 것은 마음이 아닐까?
필자는 경영인으로 살아오면서 배운 것이 있다면
돈을 버는 장사꾼이 아니라 사람의 마음을 먼저 얻는
마음의 자세에 달려있다는 것을 깨달았다.
마음을 먼저 쫓으니 행복이 사람을 다가오게 했고,
돈을 불러왔으며, 자연스럽게 행복의 결과물이 나타났다.

데이브 아스프리의 최강의 인생에서도
행복이 돈을 불러왔다고 이야기한다.
행복할 수 있다는 것은
이 시인의 작품처럼 내가 먼저 좋은 사람이 되는 것이다.
사람을 소중히 여기는 것이다.
사람을 얻는다는 것은 행복을 얻는다는 것,
좋은 시 한 편이 수많은 사람을 행복으로 불러들인다.
오늘 필자도 행복 속에서 사람들을 만나리라. (박부택 금강물류 대표)

이삭빛 시인님의 '사람이 사람에게 줄 수 있는 것은' 이라는 시를 읽으며,
사람이 사람에게 줄 수 있는 것은 사랑을 가진 사람임을 알았다.
세상을 움직이는 것도 사랑이다. 사랑은 마법같다.
한 사람을 사랑하는 것만으로도 세상은 아름답고,
두 사람을 하나로 만드는 마법은 정말로 멋진 일이 아닐 수 없다.
이 시는 마치 사랑의 묘약처럼 나의 마음을 울리게 만든다.
사랑은 무언가를 바꿀 수 있는 힘도 된다는 의미를 내포해서 일까?
그것은 우리 인간관계에서 인간의 이해가 가장 중요한 것이라는 것이다.
사람을 이해하는 것은 사랑하는 마음으로 바라보는 것이고,
본인의 삶마저 이타적으로 '바라 볼 수 있는 힘이다'라는 것을
깨닫는 것이다.
오늘은 詩(시) 속에 들어가 사랑 하나 꺼내들어야 겠다.
상처 입은 나도 사랑한다고 말하리라. (이해연 전주대 교육학과 겸임 교수)

같은 방향을 향해 걸어주는 것

마음으로 여는 그림

'사랑의 결정체는 같은 방향으로 걸어가주는 것이 아닐까?
언제 보아도 새로운 마음으로 돋아나는 아침 해처럼
어두운 밤을 밝혀주는 동행자로 말이다.

꽃이 떨어져도 아름다울 수 있는 것은
그 속에 이어진 마음의 꽃이 향기로 남아 풍경이 되어주기 때문이다.

그리고
저무는 하늘을 보아도 외롭지 않음은
사랑이 햇살처럼 부서져 내리기 때문이다.
네가 있기 때문이다.'

김정숙화가의 작품은 따뜻함이 느껴진다.
그 어떤 상황에서도
사랑으로 살아나갈 언덕을 마련해 주는
최고의 선물로 다가오니 말이다. (허방우 아이스월드 에어돔 대표)

천만 송이 꽃이 되는 사람

그리움이 차오르면
스스로 별이 되는 사람,
스스로 사랑이 되는 사람이 있다.

잊으려 하면 할수록
가슴에 흠뻑 젖는 사랑
하늘에서부터 땅 끝까지
심장 안에 덜컹 들어앉은 사람이 있다.

나무처럼 가슴에 뿌리를 내리고
아프면 아플수록
꽃을 피워내는 천만 송이 꽃이 되는 사람이 있다.

가슴으로 여는 詩포인트

우리는 사랑 앞에 얼마나 진실할 수 있는가?
사람아....!
저토록 아리도록 온몸, 온 마음으로
사랑 앞에 서 보라
심장에 덜컹 들어앉아 뿌리를 내린
저 옹골찬 시인의 판도라 안에서
우리의 오늘은 사랑으로 아프지 않은가?

우리 시대의 아름다운 천사시인의 시 한 편으로
세상은 시방 사랑으로 피어날 꽃밭에서
샤방샤방 사랑앓이 중이다.

(**정지원** 우석대 평생교육원 시낭송 교수, 시인)

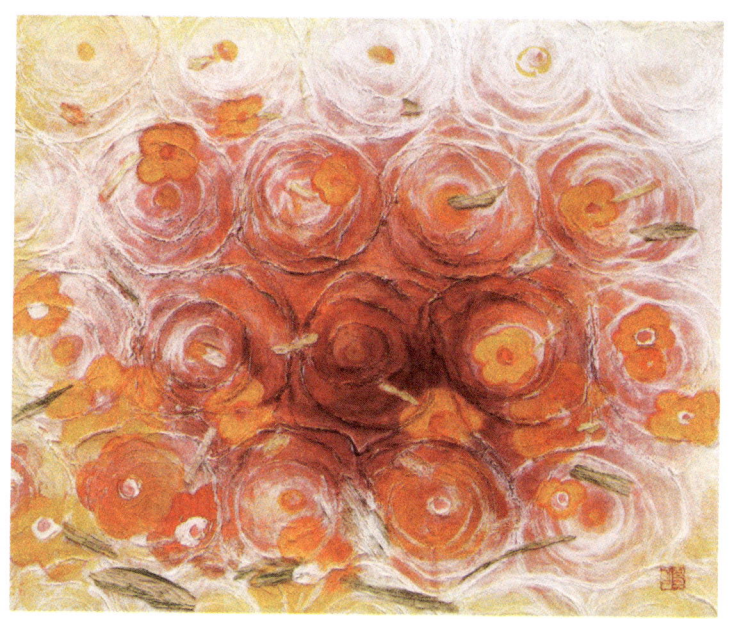

천만 송이 꽃이 되는 사람

마음으로 여는 그림

"꽃이 바람의 존재로 태어나듯 그대도 사랑의 존재가 되어 태어나리"
꽃은 누구에게나 향기를 준다. 사람도 그런 사람이 있다.
꽃처럼 아픔을 내딛고 누구에게나 사랑을 건네는 꽃 같은 사람,
온전히 꽃이 되어 심장 안에 가득 채워지는 천만송이 꽃이 되는 사람!
필자는 묻는다.
'나는 어떤 사랑 안에서 머무르고 있는지?'
김화가의 작품 속 태양 같은 꽃들이 귀를 간지럽힌다.
'아, 이대로 꽃이 되고 싶다.'

〈김영임 세무전문가〉

가을사랑

가을이 눈처럼 내리는 날
한 그루의 나무가 되어 너를 사랑하리라
죽을 만큼 외로운 목마름,
벌거벗은 나뭇가지 사이로 다시 태어나
네 끝트머리 나뭇잎으로
별처럼 떨리는 바람 앞에 가장 숭고한 사랑이 되리라

가을이 비처럼 내리는 날
가난해서 아름다운 가을 길로 걸어 들어가
너를 위한 풍경을 정갈히 차려 놓고
너의 웃음 한 조각은 첫사랑으로
너의 빛나는 맨발 한 걸음은 마지막 사랑으로
어디에도 없을 사랑을 맘껏 퍼부으리라.

그리고 오직
너만을 위한 사랑의 뿌리로 뻗어 나가
저 깊고 높은 절망의 바닥을 온몸으로 맞으리라

가슴으로 여는 詩포인트

세상에서 가장 슬픈 것은 생각할 수 없는 대상이 되었을 때..
그러니, 맘껏 사랑하라
죽도록 그리워하고
죽도록 열애하라
절망의 바닥에 몸서리친다 해도 사랑하라
젊다는 증거요, 살아 있음에 증거이다.

시인은 웃을 수 있는 한 조각의 힘만 있다면 사랑하라고 말한다.
필자도 누군가의 총애 속에서 이야기를 나누고 싶은
그리움을 감추고 있으니,
바로 달려가 빛깔 좋은 미소 주고 오리라! 가족, 친구, 이웃에게 ……

나의 마지막 남은 사랑은 생명나눔 활동을 통해 죽을 때까지
의료진으로서 헌신하고 싶다.
그렇다면 더 이상 무슨 소원이 있으랴!

(박성광 함께하는 내과 원장. 한국 장기기증원 생명나눔 의료진 전문강사)

가을사랑

가을사랑의 작품 화답시

겨울 정원에/허풍이 불어와/잔잔한 산방을 뒤집었다//
꽃도/나무도/집을 잃고//
다시 찾은 자리 위에/봄을 보내고/여름을 지나/가을을 맞이했다//
산방을 뒤집은 영혼에는/허풍으로 가득하지만/가을이 되니/
금목서에서 뿜어대는 향기만/진실 이었다//
가을비가 그 향에 눈물로 다가간다.//

이동환(2022-10-3) 허풍이 쓸고 간 정원 中에서

마음으로 여는 그림

가슴에 내리는 낙엽 한 장에도
그리움이 천 가지, 만 가지이다.
호수에 말없이 하늘이 운명처럼 빠져들 듯
가을에는 하늘이 깊어져 땅으로 스며든다.
천년의 빛깔로 사랑을 녹여낸다.
김정숙화가의 작품은 단아하면서도 창백하고
창백하면서도 내면으로 깊어지며 화려하다.
그래서 모든 이가 천년의 쉼을 얻고,
그 말 없는 포근한 사랑 앞에 진실을 토해 내는지 모른다.
감탄이다. (이동환 시인. 서예가, 전북대 공대 교수)

> 잠깐, 뿌리 詩 코너

반곡이씨 유거(磻谷李氏幽居)
: 반곡이씨의 집에서

매천 황현 梅泉 黃玹

山居三十年 (산거삼십년)	산속에 삼십 년을 묻혀 살면서
種德不種木 (종덕부종목)	덕을 키우니, 심지 않은 나무도
柿栗自能生 (시율자능생)	감나무, 밤나무로 자라나
低低秋晚熟 (저저추만숙)	늦가을 되니 주렁주렁 열매 열렸네

  메산골 반곡이씨의 궁벽한 외딴집의 가을 풍경을 읊었다.
  산속에 살면서 삼십 년 살아온 세월에 조용히 덕성을 길렀을 뿐인데 감나무며 밤나무가 저절로 자라나 늦가을에 과일이 처지도록 열려있다.
  반곡이씨의 노년의 성숙한 인생을 풍성한 과일로 비유하였다.

(역자 : 매천사상연구소장, 매천 시 2,027수 최초 완역 저자, 교육학박사)

첫눈

가을이 한 잎, 한 잎 떨어지는 소리에
그대여, 슬퍼하지 마라.
가을이 깊어져 겨울이 되어서야
네가 내게로 올 수 있나니

그대여!
겨울은 어쩌면 내 생에 가장 빛나는 봄날,

그리움의 주머니에 네 눈빛을 넣고
네가 좋아하는 메타세콰이어 길에
눈송이 같은 미소로 마중 나가 있을 테니,

사랑의 껍질을 벗어던지고
한 번도 상처받지 않았던 청춘으로 내게 와라.

가슴으로 여는 詩포인트

첫눈은 겨울을 알리는 가장 따뜻한 메시지입니다.
시인은 그 첫눈을 청춘이라는 언어로 새롭게
탄생시키고 있습니다.
껍질을 벗어 던지고 '한 번도 상처받지 않은'
봄의 새싹처럼 사랑을 솟구치게 합니다.
시인은 아픔이 깃든 어둠마저도 새로운 기회로 생각하며
나이도 직업도 국경도 뛰어넘는
인간 본연의 사랑을
첫사랑 같은 시로 마주하게 합니다.
필자도 가정의 달 5월, 부모님과의 첫사랑을 꿈꿉니다.
가족, 이웃, 친구들과의 사랑을~ 첫눈을 기다리듯
설레는 맘으로 꿈꿉니다.
필자가 첫눈이 되어 시공간을 초월한 첫사랑을 주고 싶습니다.
분명, 이 시는 누구에게나 생명이 갖는 시작의 의미를 주는
감동의 시입니다. (고광석 KS재무설계 대표)

눈꽃에게

사랑하는 사람아,
언제부터 너는 내 마음에 와 닿아
설레는 포옹이 되었느냐?

슬퍼서 외로운 씨앗을
두 손으로 벗겨내고
그 어떤 사랑보다도 순결한 몸짓으로
가슴 뛰게 만드느냐?

이 추운 떨림마저도 향기로 입 맞추는 사람아!

가슴 시린 언저리, 사랑으로 불붙게 하고
그리움보다도 더 깊은 열정으로 나를 꽃피우게 하느냐?

너 없는 겨울은 겨울의 껍데기
너 없는 사랑은 내 시간이 아니어라
너 없는 인생은 꽃의 시간이 아니어라

사랑하는 사람아,
언제부터 너는 내 마음에 와 닿아
설레는 포옹이 되었느냐?

사랑으로만 피어나는 사람아,
사랑으로만 꽃이 되는 사람아.

가슴으로 여는 詩포인트

시인이 생각하는 사랑은 무엇일까?
꽃의 시간?
시인은 이슬처럼 사라지는 눈꽃을 보면서
왜 이다지도 애절하고도 뜨거운 사랑을 노래하고 있는 걸까?
시인에게 그리움보다도 더 깊은 열정이 무엇일까?
오직 사랑으로 피어나는 꽃이 눈꽃이라니,
눈꽃은 사랑으로만 피어난다고 했는데...
그래서 시인에게 있어 사랑은
그 짧은 찰나에서 오는 경이로움 같은 체온이었는지 모른다.
내가 인생을 살아보니 모두가 찰나인 것 같다.
그러니 남은 생을 더 소중히 나누고 아껴주며,
따뜻하게 살아가고 싶다.

(이오경 전)예수병원 소아과 과장)

눈꽃의 속성을 통해 자연의 아름다움을 이토록
눈부시게 표현한 시인이 또 있을까?
눈꽃은 겨울의 꽃으로서
가장 짧은 생을 통해 새로운 시작을 이어주는
순수하고 정결한 믿음 같은 꽃이다.
눈꽃이 사라진다 해도 마음으로 보는
영적인 꽃이 눈꽃의 의미 아닐까?
신비하고 고고한 꽃~
가장 고독한 환경에서도 자연의 위대함과
생명의 소중함을 전하는 작품이라고 생각한다.

(이현옥 화백, 기린 갤러리 관장)

눈꽃에게

마음으로 여는 그림

그리움이 넘치면 꽃이 되나요?
그리움이 길어지면 그럼, 또 꽃이 되나요?
사랑은 아파도 아름답고,
행복해도 아름다우니, 사랑 없인 못살아요!
숙명처럼 그대와 마주 보며
순간 일지라도 그대만을 위해 살고파요!

김정숙화가의 눈꽃에게를 감상하며 필자도 사랑이라는
진실 앞에 잠시나마 고백을 해본다.

아, 나의 사랑 눈꽃이여!
이 거대한 거장의 울림이여!

(김민영 판소리명칭, 전북대겸임교수)

눈물(어머니)

신이 가장 힘든 시간에 별이 뜬다
신이 가장 슬픈 시간에 별이 뜬다

네게 가는 길은
별을 마주 보는 일이다.

- (사랑은 아픔이 있을 때 빛난다!
  아픔 없는 사랑은 조화에 불구하다 - 이삭빛)

가슴으로 여는 詩포인트

'역사를 잊은 민족에게 미래는 없다.'라고 한
신채호, 윈스턴 처칠의 말이 생각난다.
그런 의미에서 볼 때 어머니는 우리의 역사적 뿌리이고,
그 역사는 미래의 희망이어야 한다.
우리가 역사를 잊어서는 안된다고 생각하면서 눈앞에 이익만 바란다면
역사 왜곡을 해도 된다는 공식이 성립된다.
이에 이 시의 정신은 온통 어둠 일지라도 별을 마주 보며,
미래를 향해 올바른 역사의식으로 참여해야 한다는 메시지가 담겨있다.
이에 올바른 한일 관계 정립을 위한 길은
'반성과 진정한 사과가 있고 미래를 위한 화합이 있어야 할 것이다.'
필자는 안중근장군(의사)전주기념관 대표로서
안중근 장군 어머니에 대한 '눈물'이라는 시가 가슴 깊이 스며든다.

"네가 만약 늙은 어미보다 먼저 죽는 것을 불효라 생각한다면,
이 어미는 웃음거리가 될 것이다.
너의 죽음은 너 한 사람 것이 아니라
조선인 전체의 공분을 짊어지고 있는 것이다"

이 거룩한 어머니, 그 심오한 역사 앞에 감히 머리를 조아리게 된다.

(**강동오** 제과명장, 안중근장군 전주기념관 설립자, 강동오풍년제과 대표이사)

이슬방울

죽음조차 불살라
세상을 구원하는 넌

신의 심장도 뚫는 키 작은 미소

가슴으로 여는 詩포인트

우리가 보지 못한 작은 이슬방울 하나가
세상을 구할 수 있는 힘을 지니고 있다면 그것은
어떤 모습일까?
작고 작은 것일수록 큰 힘을 지니고 있다는 것을
우리는 더 깊이 성찰할 필요가 있는 것이다.
작은 씨앗, 작은 발걸음, 작은 긍정들이 모여서
큰 변화를 만들어 내는 것이니 말이다.

여기서 시적 화자는 짧지만, 긴 여운으로 강렬하게,
따뜻한 마음 하나가 생각을 이끈다는 것을 말해주고 있다.

이슬방울은 작지만 아름다운 바다를 만들어 내고,
작은 바람 한 줄기는 꽃을 피워내듯이 작은 것들이
큰 변화를 만들어 낸다는 것.
그렇다면 우리는 작은 것들을 소중히 여기며,
그것들이 만들어 내는 큰 힘을 믿어야 한다.
이슬방울 하나가 세상을 구할 수 있다는 이시인의 작품을 통해
작은 것에서부터 시작해 큰 변화를 만들어 내는 우리의 모습을
상상하며 새롭게 실천해 나가는 것은 어떨까?
열 마디 말보다 큰 위로가 되고 힘이 되는 시 한 편을 사랑하는 일,
오랜만에 필자도 행복의 씨앗을 싹틔우는 느낌이다.

(이홍재 (유)자연속의 사람 대표이사)

달 the Moon

땅 아래서 흘린 눈물이
달이 되었다
The tears of agony and darkness
from the underword became the Moon

달이 보낸 편지는
어젯밤 기도가 되었다.
A letter from the Moonbecame a prayer
for the person of the tears last night

오늘은 어떤 내용이
실려 있을까?
Whst contents are
in the letter?

네 모든 게 내 속에 있는데
궁금하고 보고 싶다.
You are in me and I'm in you...
l am still pretty anxious
to see you inner side.

번역 : 박시균 시인, 군산대학교 교수

가슴으로 여는 詩포인트

※생을 돌아보며 제대로 살았던 순간은
 사랑하는 마음으로 살았던 순간뿐이다. (핸리드루먼드)

이 시는 달이 가진 아름다움과
그것이 인간에게 주는 영감에 대해 생각하게 한다.
이 시는 달을 통해 인간의 삶과 죽음,
그리고 인간의 불안전한 존재에 대한 질문을 던지고 있다.
이러한 질문에 대한 답을 찾기 위해
시적 화자는 자신의 내면으로 들어가고,
그 곳에서 세상의 모든 것이 자신 안에 있다는 사실을 깨닫게 한다.

이 시는 결국 달과 같은 자연의 아름다움이 인간에게 주는 위안과 꿈,
그리고 그리움의 향연을 사랑에 대한 이야기로 표현하고 있다.
필자는 힙합을 사랑하는 사람으로
이 시를 통해 춤으로 승화시키고 싶은
명시를 발견한 찰라, 감동으로 날고 있다.

(**이종희 사**)한국힙합문화협회 상임부회장 / sbs 전)프로듀서)

시(詩)에게

네가 살아 있는 동안
사랑은 시간보다 길 것이다
네가 내 곁을 떠나는 날
이 세상 모든 것은 멈출 것이다

그러나
그댈 위해
언제나 봄으로 달려가리

＊ 詩포인트 :

시를 구원의 여인처럼 생각하게 하는 봄날, 사랑하지 않고서는 시詩는 봄이 아니다.
죽음의 그림자일 뿐이다.
아, 이토록 가슴 뛰게 하는 시를 가슴에 품고 봄나들이 간다.
그대에게 간다.
연옥 정상에서 베아트리체를 만난 단체의 시로 – 이삭빛 –

※ 베아트리체(Beatrice)는 르네상스 시기 4대 시인의 한 사람으로 일컬어지는
 이탈리아의 단테(Alighieri Dante)가 9세 때 첫눈에 반해
 (단테는 "그때부터 사랑이 내 영혼을 압도했네"라고 씀)
 1321년 죽을 때까지 자신의 생애 대부분과 시 작품을 바치며 사모한 여인.
 베아트리체(Beatrice)는 단테가 1307년과 1320년 사이에 집필한 작품인
 〈신곡(神曲:La divina commedia)〉에서 주인공에게 천국을 소개하는
 안내자의 이름이기도 하다.
 베아트리체는 피렌체 귀족의 딸인 베아트리체 포르티나리라는 것이
 정설로 되어 있다.
 이 여인은 시모네 데 바르디와 결혼했다가
 1290년 6월 8일 24세의 나이로 죽었다.

시(詩)야, 울어라

아픔을 닦아내면 미소가 된단다
아픔을 닦아내면 향기가 된단다
아픔을 닦아내면 뿌리가 된단다

오늘 밤 어둠이 찾아오걸랑
별도 온다는 것을 기억하라

오늘 밤 추위가 찾아오걸랑
신도 온다는 것을 기억하라

오늘 밤을 울려야
오늘 밤을 울려야
새해가 온다는 것을 기억하라

* 詩포인트 :

인생이 우리에게 아픔을 줄 때는 선물이라고 생각해요
꽃떨어지는 아픔을 겪고 나서야 열매가 열리니까요
- 이삭빛

한 알의 모래에서 세상을 보고
한 송이 들꽃에서 천국을 보기 위해 그대 손바닥 안에 무한을 쥐고
한순간에 영원을 담아라
- 윌리엄 블레이크(1757~1827) 영국 6대 낭만주의 시인

비관론자는 모든 기회에서 어려움을 찾지만,
낙관론자는 모든 어려움에서 기회를 찾아낸다
- 워스턴 레너드 스펜서 처칠(1874~1965) 영국총리

가슴으로 여는 詩포인트

이 시는 아픔과 희망, 성장, 과정 등 인간의 삶에 대한 작품으로,
시인의 보다 깊은 내면과 철학적인 사고를 엿볼 수 있다.
여기서 시인은 아픔을 겪고 나서야 인생에서 열매를 얻게 되며,
이러한 아픔은 인생에서 받는 선물이라고 생각한다.

또한 '오늘 밤 어둠이 찾아오면',
'별과 신도 찾아온다는 것을 기억하라'는 내용도 담겨있다.
이 시에서는 아픔이 인생에서 가지는 의미와
그것이 인간을 어떻게 성장시키는지에 대한 위로와 희망을 담고 있다.

우리 모두 오늘은 아픔일지라도 내일의 새해를,
희망차게 만들어 내는 지혜를 갖기를 소망하며,
어느 성인의 말씀처럼 고통 없는 성장이 없듯이
감사함으로 받아들이고 행복으로 승리하길 기도한다. (양경희 교사)

얼굴 없는 천사
- 양손을 펴고 날개를 퍼덕이면 알게 되지

빗방울이 밥이었던 가난한 사람들에게
이름 없는 어느 한 남자가
가슴에서 꺼낸 밥 한 숟가락을 나눠 주면서
노송동 마을에 기적이 일어났네

따뜻한 종소리 눈송이처럼 퍼붓던 어느 해부터
해오름을 오르내리던 천사의 날개가
행복이 되어 쏟아지면
노송동사람들은 얼굴 없는 천사가 되어
모두가 날개옷 하나씩 내 놓기 시작했지

그 어느 한 남자의 뜨거운 날갯짓은
세상사람 모두의 뜨거운 밥으로
생명의 입맞춤이 되었네

천사의 소리 알아듣고 싶은 자는
노송동에 와서 해가 떠오를 때
양손을 펴고 날개를 퍼덕이면 알게 되지
왜 양손을 펴야 하는지
왜 가슴으로 밥 한 숟가락을 나눠줘야 하는지를

가슴으로 여는 詩포인트

'얼굴 없는 천사'의 선행은
2000년 4월부터 시작, 23년째 이어지고 있다.

어느 키다리 아저씨가 전화 한 통으로 돈이 놓인 장소만 알려주고
사라져서, 지금까지 '얼굴 없는 천사'로만 알려져 있다.

그는 "어려운 이웃을 도와주십시오."라는
간결한 편지와 함께 상자에 지폐 뭉치와 동전이 들어있는
돼지 저금통을 놓고 갔다.

이 '얼굴 없는 천사'는 2000년부터 매년 적게는 수 천 만원에서 많게는
1억 원씩을 노송동 주민센터 인근에 놓고 사라졌다.

따뜻한 선행이 세상에 알려지면서 이 노송동 마을은 **천사마을**이 되었고,
그 훈훈한 사랑은 천사의 날개가 되어 세상을 아름답게 변화시키고 있다.

이제 많은 사람들은 해마다 얼굴 없는 천사를 기다린다.

어떤 이는 '이제 늙어서 못 올지도 모른다'고 상심한다.
그러나 얼굴 없는 천사는 늙어도 늙지 않은 다는 것을 알고 있는가?

실제로 그의 뒤를 이어 작은 천사들이 따뜻한 날개를 펴기 시작했고,
행복 나눔을 실천하고 있다.

이삭빛시인은 사랑의 시를
김정숙화가는 천사마을에 축복의 그림을 기증했고,
필자도 천사축제위원장으로 활동한 인연으로
소중한 나눔에 동참하고 있다.

아니 실제로 이 지역에 거주하고 있는
따뜻한 사람들과 함께
작지만 큰 정신을 이어나가고자 한다.

풀꽃도 웃으면 맑은 바람이 되어 향기를 날린다.

우리의 작은 선행들도 이 험한 세상에
얼굴 없는 천사처럼 누군가의 희망이 되어 불타 오리리라 믿는다.
얼굴 없는 천사가 되고 싶은 사람은 먼저 입가에 미소를 머금어라
필자도 미소로 앞장서리라.

(김정선 제8회 천년전주 천년사랑 축제위원장)

* 詩포인트 :

삶의 가치로 행복을 전파해온 오병이어의 기적을 선물한 얼굴 없는 천사!
그는 대한민국에서 가장 가난한 마을을 가장 행복한 마을로 선물한
세상에서 가장 아름다운 천사이다.

※밥 한 숟가락 : 돼지저금통

잠깐, 뿌리 詩 코너

순강도중(江途中)
: 순강가는 길에

매천 황현 梅泉 黃玹

江南天氣較暖　강남의 천기가 비교적 따뜻하니
(강남천기교난)
時序經霜未霜　상강이 지나도록 서리가 내리지 않네
(시서경상미상)
一夜山中風雨　하룻밤 산중에 비바람 몰아치니
(일야산중풍우)
出門千樹丹黃　문밖의 나뭇잎 붉게 물드네
(일야산중단황)

　순강은 섬진강 중류에 있는 강이다. 시인은 자신을 은사(隱士) 금경과 상장으로 비유하며 위의 시를 써 놓았다.
　가을 날씨답지 않게 갑자기 추워지고 있다. 겨울이 오는 징조가 서리가 온다는 상강(霜降) 이후부터이다. 해마다 이즈음이면 비바람이 치고 단풍잎이 물들면서 겨울로 접어 들어간다.
　색채의 이미지를 선명하게 사용하여 강가의 풍경을 묘사하였다. 상강 이후 나뭇잎은 우수수 떨어질 것이다. 가진 것을 다 버리고 있는 나무의 지혜를 배워야 한다.

(역자 : 매천사상연구소장, 매천 시 2,027수 최초 완역 저자, 교육학박사)

참여작가 명단

문화만세 회원

강동오 (풍년제과 대표이사, 안중근 장군 전주기념관 설립자, 제과 명장)
고양숙 (화산쥬얼리 대표)
고광석 (KS재무설계 대표)
기동환 (전주시 한궁협회 회장, 전)전북교육연수원 원장)
김동익 (군산대학교 교수)
김민우 (하나도서 대표)
김민영 (판소리명창, 전북대 겸임교수)
김영식 (RGB 예술문화아카데미 센터장, 오카리나 연주자)
김영임 (세무전문가)
김정숙 (군산대학교 미술학과 교수, 화가)
김영붕 (매천사상 연구소 소장, 안중근 장군 아카데미 원장)
김수곤 (대금연주자, 문무공방 대표)
김병석 (전주 완주 통합 민간추진협회 실무대표, 전)폴리텍 대학 학장)
김혁용 (타이어K 전주총판 대표)
노상근 (이삭빛 TV 독서대학 학장, 전)전주서중 교장)
노명희 (가족사랑연구소 소장)
문원근 (문원교육 중국어 학습 대표)
서거석 (전라북도 교육감, 전)전북대 총장)
박성옥 (이삭빛 얼굴없는 천사본부 본부장, 전)중앙여고 교장)
박성광 (함께하는 내과 원장, 한국 장기기증원 생명나눔 의료진 전문강사)
박부택 (금강물류 회장)
배 철 (배철신경정신과의원 원장, 이삭빛 얼굴없는 천사본부 이사장)
서길주 (전주용덕초등학교 교장)
서정미 (전북대 한국음악과 겸임교수, 전북도립 국악원 관현악단 대금 수석)
성장현 (변호사)
송세경 (전북교통방송 '송세경 생송여행' 출연, 전)프랑스 교육원 원장)
송창점 (시낭송가, 전)백화여고 교장)
송치규 (전)백화여고 교사)
신방윤 (전)부안해양경찰서 과장)
서을지 (화예명인, 전)국제로타리 3670지구 전주리더스로타리클럽 회장)
이삭빛 (시인, 문화만세 운영위원장, 한국그린문학 발행인)

이홍재　(유)자연속의 사람 대표이사)
이정아　(CBS 오케스트라 단원, 바이올린 연주자)
이명희　(부안교육지원청 장학관)
이오경　(전 예수병원 소아과 과장)
이철원　(우석대 교수, 시조시인, 팬플룻연주자)
이해연　(전주대 교육학과 겸임교수)
이현옥　(화백, 기린갤러리 관장)
양금선　(교사)
엄범희　(투데이안 대표)
은국정　(경북과학기술원 기업(주) 우정케미컬 사장)
양창수　(아이스월드 에어돔 이사)
양경희　(교사)
이미숙　(군산인쇄사 대표)
임진선　(전주동서가구 대표)
이동환　(시인, 서예가, 전북대 공대 교수)
임미순　(문화서적 대표)
전철수　(화백, J-art 갤러리 관장)
정지원　(우석대평생교육원 시낭송 교수, 시인)
조현철　(군산대학교 교수)
조성자　(전주예술고 교사)
채수억　(화백, 사진작가)
허방우　(아이스월드 에어돔 대표)
홍인표　(유연성 단소협회 회장, 대금연주자)

문화만세 회원 外

김정선　(전)천년전주 천년사랑 축제위원장)
도창회　(시인, 수필가, 전)동국대 교수)
박시균　(군산대학교 교수, 시인)
이경춘　(건축사업, 전)전주 서부지역발전협의회 회장, 민주평통자문위원)
이종희　((사)한국힙합문화협회 상임부회장, SBS 전)프로듀서)
유영석　(한신대학교 교수, 작가)
유진식　(전북대학교 법학전문대학원 교수)

인쇄	2023년 7월 3일(1쇄)
발행	2023년 7월 7일
시	이삭빛
그림	김정숙
표지그림	김영화
기획	노상근
발행처	문화만세
펴낸곳	도서출판 군산인쇄사
등록	2017년 1월 11일 제467호
이메일	ksp8833@hanmail.net
전화	(063) 452-8833, 8835

사람은 누구나 만날 수 있지만
사랑은 가슴으로 만날 때
가장 숭고한 꽃이 된다

·

이삭빛의
'가슴으로 만난 사람은 꽃이다' 중에서

그림 김정숙